LE BIOGRAPHE UNIVERSEL.

Publications de la Revue générale BIOGRAPHIQUE et LITTÉRAIRE.

GALERIE UNIVERSITAIRE.

III.

MATTER.

PARIS,

BUREAU CENTRAL DE LA REVUE GÉNÉRALE BIOGRAPHIQUE ET LITTÉRAIRE,
Rue de la Paix, 13.

1841.

GALERIE UNIVERSITAIRE.

SOUS PRESSE :

COUSIN. — VILLEMAIN. — TAILLEFER. — BLONDEAU. — DURANTON. — St-MARC-GIRARDIN. — AL. DE WAILLY. — LORAIN. — RAGON. — NAVARRE. — Vor. LECLERC. — DINET. — LACRETELE. — COMTE. — GERUSEZ. — Etc.

MATTER.

Egards et justice pour tous.

MATTER (JACQUES).

Matter (Jacques), inspecteur-général de l'Université, à Paris.—Né, le 31 mai 1791, en Alsace, département du Bas-Rhin, arrondissement de Saverne, commune d'Alteckendorff, dont son père fut le premier agent national (maire), sous la république, M. Matter reçut sa première éducation dans la maison paternelle et dans l'école du village, dirigée par un des plus habiles instituteurs du département, par un homme dont il s'est plu à signaler l'éminent mérite dans deux de ses ouvrages consacrés à l'enseignement primaire, le *Visiteur des Ecoles* et l'*Instituteur primaire*. En effet, le maître dont il parle avec une sorte d'admiration, sous le nom de PALLE, l'anagramme de son premier professeur, LAPPE, méritait, à ce qu'il paraît, cet hommage. Arpenteur, percepteur et clerc de notaire, en même temps qu'instituteur de la commune, il remplissait toutes ces fonctions avec une égale capacité et une égale exactitude. Quelquefois, il est vrai, ne pouvant être à-la-fois à l'école et à l'étude du notaire qui l'employait et qui résidait au chef-lieu du canton, ce maître se faisait remplacer par un de ses élèves, et M. Matter, soutenu par l'autorité de l'institutrice, fut lui-même son suppléant, à l'âge de huit ans.

Mais ces absences du maître et ces suppléances d'un enfant étaient rares, et bientôt le jeune volontaire fut enlevé à l'école du village, non sans avoir contracté pour l'enseignement un goût qui décida de son avenir. — C'est pour cette raison que nous sommes entrés dans quelques détails sur ce sujet.

L'élève de M. Lappe continua ses études chez un ministre de sa communion, lequel est devenu l'objet d'affectueux éloges de la part de M. Matter, qui passa bientôt de ces leçons préparatoires au Gymnase de Strasbourg. Cette institution ancienne et savante, était confiée alors à la direction d'Oberlin, l'un des antiquaires et des philologues les plus distingués du commencement de ce siècle.

Il n'était pas de meilleure école pour former des élèves qui possédassent à leur tour une instruction à-la-fois exacte et profonde.

M. Matter fit ses classes rapidement et avec éclat. L'an 1807, il fut reçu étudiant à l'ancienne académie protestante de Strasbourg, composée des débris de la vieille université de cette ville. Lorsque les décrets de l'empire eurent organisé l'Université de France, M. Matter suivit à l'Académie impériale les cours de langues anciennes, de philosophie, d'histoire et de littérature qui étaient professés à cette école par MM. Schweighaeuser, Hullin, de Saint-Venant, et plusieurs autres aussi savans, quoique moins connus dans les lettres. — Dès que M. Matter eut obtenu les grades académiques, on l'appela à une des chaires du collége où il avait été élève. Il y fit quelques leçons, mais préféra bientôt continuer ses études à l'Université de Goettingue, où il suivit les cours d'histoire de Heeren, ceux de philosophie de Schultze et de Bouterweck, ceux de législation de Sartorius, député aux Etats d'Hanovre, etc.

De Goettingue, il se rendit, par Marbourg et Giesen, deux universités dont il visita les professeurs les plus célèbres, à Paris, où il suivit les cours de Lacretelle, Boissonade, Guizot, Villemain, Cousin, Hase. Il composa, dans la bibliothèque de M. Millin, qui désirait l'attacher à ses travaux, l'*Essai historique sur l'Ecole d'Alexandrie*, ouvrage de longue haleine, qui demandait d'immenses recherches et qui remporta, en 1817, le prix que l'Institut avait proposé pour ce sujet, dès 1814. Le programme de ce prix était tracé d'une manière remarquable, et, à cette époque, on l'attribuait généralement à la plume de M. de Gérando, le savant historien des systêmes de philosophie ancienne. Un succès aussi marqué entraîna dans la carrière des lettres le jeune étudiant, qui jusque là ne s'était pas décidé.

L'ouvrage de M. Matter sur la plus célèbre des écoles anciennes, résumant une grande époque avec une grande érudition, lui valut un nom dans les lettres et des protecteurs parmi les savans les plus distingués. Sur la proposition spontanée de M. Guizot, M. Royer-Collard, président de la commission d'instruction publique, lui offrit une chaire d'histoire, rattachée, à son choix, aux colléges de Strasbourg, de Toulouse ou de Douai. M. Matter préféra Strasbourg, et fut chargé immédiatement d'un cours qu'il commença peu de temps après. Il ne remplissait ces fonctions que depuis dix-huit mois, lorsqu'on l'appela à la direction du gymnase de Strasbourg, cette même institution où il avait été élève, puis professeur, et qui se trouvait, par suite de son ancienneté (elle est du seizième siècle) et par suite de l'enseignement spécial qu'on y avait long-temps maintenu, plus rapprochée des colléges de l'Allemagne que de ceux de la France. On sentait, par conséquent, qu'elle avait besoin de toutes les réformes qu'y introduirait un jeune savant dont les prédilections étaient d'autant plus acquises au système d'enseignement français, qu'il avait pu mieux comparer, et qui ne tarda pas à faire, dans l'établissement confié à sa direction, tous les changemens désirés. Aussi, peut-on citer aujourd'hui cette antique école comme une des plus remarquables du pays, en ce qu'elle offre, comme l'exige sa situation, la véritable transition entre la France et l'Allemagne, transition où toutefois dominent l'esprit et la langue de la patrie.

M. Matter, en même temps qu'il dirigeait ce collége, professa à l'académie protestante, rétablie à Strasbourg dès 1802, et qui comptait parmi ses professeurs Schweighaeuser père et fils, des cours d'histoire, de religion, de philosophie et d'archéologie. Il composa, pour cet enseignement, son *Histoire générale du Christianisme et de la Société chrétienne*, dont la première édition, en quatre volumes, parut en 1828, la seconde en 1839, et dont le but spécial était d'introduire dans toutes les classes de la société une étude qui, jusque-là, était renfermée dans l'étroite enceinte des maisons religieuses ou des familles dévotes.

A la première de ces époques parut aussi son *Histoire critique du Gnosticisme* et de son influence sur les *sectes religieuses et philosophiques des six premiers siècles de l'ère chrétienne* (2 vol. in-8°), avec un cahier de planches. Cet ouvrage avait remporté quelque temps auparavant le prix proposé par l'Institut; il fut accueilli à l'étranger comme en France et immédiatement traduit en Allemand, par l'habile professeur Doerner.

Dans ce travail, l'auteur passe en revue tous les systèmes de religion et de philosophie qui ont été en rapport avec le Christianisme ou le Gnosticisme, depuis l'origine de l'ère chrétienne jusqu'au temps de Mahomet. Il y classe, en les interprétant, ces monumens si connus sous le nom de pierres basilidiennes, si négligés chez nous depuis Montfaucon, et dont l'explication est une des plus grandes énigmes de l'archéologie.

Ces deux publications furent suivies de près de la nomination de l'auteur, par M. de Vatismé-nil, aux fonctions d'inspecteur d'académie qui firent quitter à M. Matter la direction du gymnase de Strasbourg, et lui procurèrent plus de loisir pour ses cours académiques.

Ce fut pendant ces loisirs qu'il écrivit, pour les besoins de l'instruction primaire, qui fixait alors l'attention des esprits les plus généreux, le *Visiteur des Ecoles*, livre empreint d'inspirations généreuses, dont la première édition n'était qu'une grande esquisse, et qui fut suivie, en 1838, d'une seconde aussi complète que paraît le demander la matière.

Cet ouvrage, destiné aux surveillans des écoles, avait à peine paru, que l'auteur, frappé, dans ses visites officielles, des besoins intellectuels et moraux des instituteurs eux-mêmes, publia, pour leur servir de guide, l'*Instituteur primaire*, volume où ceux qui parcourent cette carrière trouvent à-la-fois, sous l'entraînante forme d'une curieuse biographie, les directions les plus complètes et les meilleurs modèles qu'ils puissent suivre. En effet, l'auteur parcourt successivement, avec eux, tous les degrés de leur carrière, toutes les espèces d'écoles, toutes les diverses méthodes et tous les pays qui se distinguent dans la science de l'éducation ou dans l'art de l'enseignement.

L'un et l'autre de ces ouvrages, fruits des premières inspections de M. Matter, étaient encore plus le fruit de ces heures qu'un écrivain grave considère comme des heures de délassement. M. Matter, qui s'occupait spécialement, depuis quelques années, de l'histoire des doctrines morales et des institutions religieuses et politiques, rédigea, dans les années 1830, 1831 et 1832, et sous la puissante impression des évènemens comme des débats du jour, son ouvrage *de l'Influence des Mœurs sur les Lois*, auquel l'Institut décerna un prix extraordinaire de dix mille francs, et dont la publication marqua une ère nouvelle dans sa carrière littéraire.

Cet ouvrage, honoré d'un suffrage aussi éclatant, à peine publié en France, fut traduit en Allemagne et en Espagne. Il fit immédiatement nommer l'auteur aux fonctions d'inspecteur-général des études, à la place de M. Chênedollé, que ses goûts pour la retraite avaient détaché du séjour de Paris, qui est obligatoire pour ces fonctions.

Benjamin-Constant, avec qui M. Matter s'était lié, pendant que le célèbre publiciste représentait l'arrondissement de Strasbourg à la Chambre des députés, venait de mourir sans avoir pu mettre au jour un ouvrage sur le *Polythéisme romain*, qui devait faire suite à celui qui était, suivant lui, le fruit de trente années de recherches, l'ouvrage de *la Religion*. Il demanda, en mourant, que M. Matter publiât ses volumes posthumes, et non seulement l'éditeur ainsi désigné se chargea de ce soin, acheva quelques chapitres à peine esquissés par l'auteur, et revisa le tout, mais il y ajouta une Introduction où sont appréciés les travaux littéraires et politiques de Benjamin-Constant avec une grande fermeté de vues et l'impartialité la plus élevée.

Nous l'avons laissé entrevoir, l'*Influence des Lois sur les Mœurs* n'était que le résumé systématique des études d'histoire philosophique et générale qui préoccupaient l'auteur depuis plusieurs années. La théorie ainsi présentée, M. Matter exposa les faits moraux et politiques des siècles qui surtout lui avaient servi de matériaux pour cette théorie.

Tel est l'objet de son *Histoire des Doctrines morales et politiques pendant les trois derniers siècles*, ouvrage publié dans les années 1836, 1837 et 1838 (3 volumes in-8°), et sur lequel l'auteur s'explique lui-même en ces termes :

« L'ouvrage dont je donne, en ce moment, le
» volume qui embrasse la renaissance, la ré-
» forme, la ligue et la première des révolutions
» modernes, se distingue et par le sujet, et par
» le but, de la belle publication du philosophe
» d'Ecosse. Dugald Stewart, sous le titre de *Scien-*
» *ces morales*, a surtout compris ce qu'en France
» nous appelons la philosophie; il ne s'est oc-
» cupé des sciences politiques qu'autant qu'elles

» se confondaient avec son sujet. Je m'attache,
» au contraire, essentiellement aux doctrines
» *morales* dans leur sens le plus restreint et le
» plus précis; je n'aborde le progrès de la philo-
» sophie et l'état de la religion qu'autant qu'ils
» expliquent le progrès de la politique et celui
» de la morale.

» Cependant nous différons encore, le célèbre
» Ecossais et moi, sous un point de vue plus fon-
» damental; le voici :

» L'histoire de la science est dans les monu-
» mens de la science, et surtout dans les monu-
» mens écrits, dans les livres. L'histoire des
» sciences morales et politiques des trois der-
» niers siècles est l'histoire des théories qui,
» pendant cet espace de temps, ont régné parmi
» les savans, ont prévalu dans les écoles. Et
» sans doute cette étude est à-la-fois importante
» et curieuse, puisqu'elle montre aux esprits spé-
» culatifs le progrès qu'a fait l'intelligence, la
» route qu'elle a parcourue, les obstacles qu'elle
» a surmontés et les méthodes qu'elle pourra
» suivre pour atteindre à la solution des ques-
» tions qu'elle débat encore. Il est pourtant, à
» mes yeux, une autre manière d'étudier les
» doctrines morales et politiques des derniers
» siècles, et une manière plus curieuse à-la-fois
» et plus importante encore : c'est *de s'attacher*
» *aux systèmes qui ont prévalu dans le monde, au*

» *même degré qu'à ceux qui ont régné dans les* » *écoles.*

» En effet, non seulement les théories qui pré- » valent dans les écoles sont *rarement* celles qui » règnent dans le monde ; mais, puisque celles- » ci nous gouvernent, qu'elles font nos mœurs » et nos destinées, nos prospérités et nos mal- » heurs, il me semble qu'elles méritent de fixer » notre attention principale. Or, c'est là le but et » le sujet de ce livre. » — L'auteur s'attache, par conséquent, aux doctrines qui ont prévalu dans les faits, dans les affaires, dans les négociations, dans les cabinets des princes en un mot, plutôt qu'à celles qui ont inspiré les élucubrations des philosophes et régné dans les auditoires des académies ou dans les classes des colléges. — Ce point de vue a sa nouveauté et fixa le rang de cette publication.

L'opinion générale a considéré l'ouvrage de l'*Influence des Mœurs* comme le chef-d'œuvre de l'auteur ; nous croyons qu'un jour la critique donnera ce rang à l'*Histoire des Doctrines morales et politiques.*

Les principes de philosophie et de politique qui dominent dans les publications de M. Matter sont, pour la seconde de ces sciences comme pour la première, ceux d'un éclectisme indépendant de toute autre autorité que celle de la raison et de toute autre loi que celle du progrès indéfini. C'est, en philosophie, la réunion de l'école allemande et de l'école écossaise ; en politique, celle de l'école française et de l'école américaine. A cette dernière il attribue, dans son *Histoire des doctrines politiques*, l'influence la plus profonde sur l'école française, soit avant, soit pendant et depuis la république.

Peu d'auteurs ont embrassé un plan de travaux aussi complet et ont poursuivi leur but avec autant de suite et de persévérance; on s'en persuade en jetant un coup-d'œil de révision sur leur ensemble. Le premier, l'*Histoire de l'Ecole d'Alexandrie*, embrasse les travaux littéraires et philosophiques des six siècles qui ont précédé ou suivi l'ère chrétienne, dans la vue de préparer l'étude spéciale du mouvement moral et philosophique de cette grande époque.

Cette étude, l'auteur l'a entreprise dans son *Histoire du Gnosticisme*, considéré dans ses rapports avec toutes les écoles religieuses et philosophiques, depuis Zoroastre jusqu'à Proclus, et à travers toutes les transformations que les doctrines de la Perse ont subies en Judée, en Grèce et surtout à Alexandrie, dans les écoles de Philon, d'Ammonius et de Plotin.

Le premier, l'auteur de cet ouvrage a mis le gnosticisme dans son vrai jour, en le présentant, non plus comme une branche ou une hérésie du Christianisme, mais comme le plus complet éclectisme des doctrines de la Grèce et de l'Asie. On doit toutefois reprocher à l'auteur d'être allé, en combattant la partialité générale, au-delà de l'impartialité qui était son droit et son devoir, et de professer, dans quelques-unes de ses pages, pour les travaux des gnostiques, une sorte de sympathie qui n'est assurément que dans l'expression et qui disparaîtra sans nul doute dans les éditions ultérieures de son travail. Il a joint à ce travail un appendice qui n'est destiné qu'aux archéologues, et dont il se décidera sans doute à faire un ouvrage indépendant. Nous parlons de l'Atlas accompagné d'un texte explicatif des principaux monumens du *Gnosticisme*, ou des *Abraxas*, dont M. Matter possède la collection la plus complète, soit en originaux, soit en empreintes et en dessins. — Détaché d'un livre destiné au grand public, ce travail, en devenant plus spécial, n'en acquerra que plus d'importance.

Après avoir examiné, dans l'*Histoire de l'Ecole d'Alexandrie*, le mouvement littéraire et philosophique, dans l'*Histoire du Gnosticisme*, celle du mouvement moral et religieux des siècles qui ont entouré le berceau du Christianisme, depuis Alexandre jusqu'à Constantin, M. Matter s'est vu engagé dans l'histoire générale du mouvement produit par les doctrines chrétiennes et les institutions morales ou politiques qu'elles ont enfantées, soit dans leur lutte avec la philosophie ancienne, c'est-à-dire jusqu'au sixième siècle de notre ère, soit dans les siècles où elles avaient vaincu et absorbé la philosophie, c'est-à-dire du sixième siècle au seizième, soit enfin dans leur lutte avec la philosophie moderne ou pendant le cours des trois derniers siècles.—Nous avons fait remarquer que déjà son *Histoire du Christianisme*, cet immense tableau des conquêtes de la foi en est à sa seconde édition.

La lutte entre la religion et la philosophie a pris, dans les trois derniers siècles, un caractère si spécial ; la philosophie et la politique se sont à tel point émancipées pendant cette période, la plus belle et la plus féconde dans l'histoire et l'humanité, et les doctrines morales et politiques y ont à tel point prévalu, que M. Matter a fait, de l'histoire de ces doctrines, l'objet d'un travail spécial où, depuis Machiavel et Pomponace, Charles-Quint et Luther, jusqu'à Franklin, Sieyès, Kant et Louis XVI, sont appréciés tous ceux qui ont joué un rôle pendant cette glorieuse période de progrès et d'émancipation. Ce travail, dont on ne saurait rendre compte, nous ne pourrions mieux le caractériser qu'en le déclarant la forme historique des principes de haute philosophie, de législation et de politique que l'auteur professe dans l'ouvrage de l'*Influence des Mœurs sur les Lois;* mais ces principes placent M. Matter dans l'éclectisme le plus indépendant. Voici ces principes :

Les mœurs des peuples embrassent deux choses, les idées et les habitudes. Les idées, c'est l'intelligence libre et pure, c'est l'image de Dieu dans la créature humaine. Aux idées appartient l'empire ; elles y aspirent de toute leur puissance. Il n'y a de grandeur et de gloire que par elles. Les mœurs ou les habitudes sont les idées engagées dans l'état social. Incorporées ainsi, elles ne sont plus les idées libres et pures ; elles sont les idées sociales, les usages, les coutumes, les règles de conduite, les lois des empires. Les lois ne sont que les formes plus ou moins grossières des idées libres et pures ; elles gouvernent et oppriment les idées partout où celles-ci sont faibles ; elles leur complaisent, se modifient et se perfectionnent pour s'élever à la hauteur de l'idéalité, partout où les idées sont fortes. C'est donc aux idées que le philosophe doit porter secours, et la grande influence qu'il est de sa mission d'exercer sur les lois, c'est d'en restreindre la prépondérance, c'est de faire élargir la sphère des idées, c'est de leur assurer tout le degré de liberté que comportent les nécessités sociales.

Or, les nécessités sociales diminuent à mesure que croissent les lumières.

L'histoire des trois derniers siècles n'est que la lutte de l'idée libre et pure contre la loi restrictive ou oppressive. C'est la lutte du philosophe dominé par le point de vue moral contre l'homme-d'état dominé par le point de vue social, lutte qui cessera lorsque la politique aura subjugué la morale ou la morale triomphé de la politique. Mais tel est, par suite des révolutions accomplies, l'affaiblissement des idées et même des études morales, que si la fin de la lutte était prochaine, elle serait désastreuse pour la philosophie ; en sorte que tous les hommes généreux doivent travailler d'abord à ce premier résultat, *que la lutte continue*, ensuite à cet autre, *que la morale arrive à un empire assuré en politique.*

Il y a là un système de liberté sincère et profonde qui paraît avoir sinon des chances prochaines, du moins des chances infaillibles, si ajournées qu'on les croie. Et c'est une chose curieuse de voir à quel terme, dans un siècle comme le nôtre, un point de départ pris dans la science et dans l'érudition conduit infailliblement les hommes les plus graves.

Telle est, dans son ensemble, la série systématisée des travaux de M. Matter. — On trouve un grand nombre d'articles de M. Matter dans l'*Encyclopédie des Gens du Monde*, dans l'*Encyclopédie du dix-neuvième siècle*, dans le *Dictionnaire de la Conversation*, dans quelques recueils et dans les plus graves journaux du temps, y compris ceux de Berlin. Nous signalerons, parmi ces morceaux, Socrate, les Platoniciens, l'Académie, Orphée, Aristote, Locke, Herder, Fichte, Schelling, Philosophie, Histoire de la Philosophie en France, Panthéisme, Paganisme, Polythéisme, Manichéisme, Vices, Vertus, Liberté ou des sacrifices que l'état social impose aux libertés naturelles de l'homme, Walpole, les Prêtresses de la Grèce, Gnosticisme. Ces articles formeraient plusieurs volumes.

M. Matter a traduit les deux ouvrages de Cicéron qui résument les doctrines du Polythéisme et de la philosophie de la Grèce : les *Tusculanes* et le traité *de Naturâ Deorum*, ouvrages qu'il a accompagnés de notes et d'explications qui attestent une science complète.

Il a introduit dans le monde littéraire plusieurs de ses amis. C'est ainsi qu'il a tracé le plan et écrit la préface de l'*Histoire de la Littérature allemande* (1), d'après la cinquième édition d'Heinsius, par MM. Henry et Apffel, où il a mis les grandes époques de cette littérature en harmonie avec celles de l'histoire générale de la nation, avec celles de ses institutions et de ses mœurs. Il a revu et enrichi d'une préface l'*Histoire de la Grèce*, traduite de l'Allemand sur la troisième édition de Kraft, par M. Bartholmess, l'un de ses élèves, auquel il a prêté, pour cette utile publication, l'autorité et le patronnage de son nom.

Le travail dont il est à désirer que M. Matter s'occupe le plus immédiatement, c'est la continnation de son *Histoire des Doctrines morales et politiques*, qui s'arrête à la révolution française, et qu'il devra naturellement compléter en y ajoutant cette révolution, l'empire, la restauration et la révolution de 1830.

(1) Voir le compte rendu de cet ouvrage, dans notre sixième livraison, t. II, pag. 185.

En même temps, M. Matter devra procéder à la réimpression de son *Histoire du Gnosticisme* et de son ouvrage sur *les Mœurs et les Lois*, qui manquent l'un et l'autre dans la librairie. Il a commencé la réimpression de l'*Ecole d'Alexandrie*, et on doit espérer que cette publication, dont le premier volume a paru et annonce moins une révision qu'un nouvel ouvrage, ne fera pas trop ajourner la révision des deux grandes compositions dont nous venons de parler (1).

APFFEL et LAHAYE.

(1) Au moment où nous publions cette notice, nous apprenons que MM. Hetzel et Paulin viennent de mettre sous presse un nouvel ouvrage de M. Matter, intitulé : *de l'Affaiblissement des idées et des études morales.* — Nous nous promettons de rendre compte prochainement de ce livre, qui nous a paru, d'après un premier examen, digne d'un véritable intérêt. — Comment se fait-il que la réputation d'un homme qui a rendu aux sciences et aux lettres d'aussi importans services que ceux de M. Matter, n'ait pas encore été consacrée par les suffrages du premier corps savant de France? E. P.

Imprimerie de Madame DE LACOMBE, rue d'Enghien, 12.

www.ingramcontent.com/pod-product-compliance
Lightning Source LLC
LaVergne TN
LVHW010250230826
846091LV00007B/2901
* 9 7 8 2 0 1 2 8 5 6 5 5 4 *